## GIC BOOKS
EDITORIAL
INDEPENDIENTE

EL MAQUILLAJE PERMANENTE (PMU)
CAMBIÓ MI VIDA: AHORA CAMBIO LA DE OTROS

© EGLE YUDMARY ZURITA OLIVERO, 2024
Edición, ilustración de tapa, coordinación de diseño y diseño:

GIC NYC BOOKS
WWW.GICBOOKS.COM
Estados Unidos:
hello@gicnyc.com
books@gicnyc.com
Primera edición
USA 2024

Todos los derechos reservados. Prohibidos, dentro de los límites establecidos por la ley, la reproducción total o parcial de esta obra, el almacenamiento o transmisión por medios electrónicos o mecánicos, las fotocopias o cualquier otra forma de cesión de la misma, sin previa autorización escrita de la autora.

Impreso en Estados Unidos - Printed in USA

*El maquillaje permanente*
# CAMBIÓ MI VIDA
**AHORA CAMBIO LA DE OTROS**

Artista en extensiones de pestañas desde 2017, Egle Yudmary Zurita Olivero ha revolucionado el mundo de la belleza con su precisión y pasión. Su viaje profesional comenzó con su asistencia al prestigioso Congreso de Micropigmentación en Bogotá en 2017, donde se inspiró y adquirió valiosos conocimientos. Entre sus certificaciones se encuentran el Microblading Phibrows y el Perfection Trainer en 2017 y 2018. Además, se ha especializado como Artista Phicontour y en técnicas avanzadas de pestañas como el Volumen Ruso y Volumen Avanzado Philashes. Egle Yudmary Zurita Olivero ha participado en importantes eventos como el Congreso Lash Extravagance en Argentina y la Maratón de Pestañas en 2019. También ha dominado técnicas como Shadow Line de Neide Sousa y el Diseño Perfecto de Cejas.

Como líder de la industria, es CEO de Latinashpro, una marca profesional de extensiones de pestañas, y fundadora de la Latin P.M.U Academy. Su dedicación la ha llevado a ser ponente en numerosos congresos online y presenciales, incluyendo el VIP LASH CONGRESS y el Congreso Facial Express. Ha creado técnicas innovadoras como FusionBrows y ha entrenado a profesionales en micropigmentación durante más de seis años de manera presencial y más de dos años de forma online a nivel internacional. Su compromiso con la excelencia y la educación la ha convertido en una experta y mentora muy solicitada en la industria de la belleza.

EGLE YUDMARY ZURITA O.

*El maquillaje permanente*
# CAMBIÓ MI VIDA

AHORA CAMBIO LA DE OTROS

# DEDICATORIA

Dedicado a todas las mujeres que anhelan liberarse de las ideas limitantes de su mente y alcanzar el dominio de una habilidad que les permita ser independientes, trabajando menos tiempo y ganando mucho más: el maquillaje permanente (PMU).

# AGRADECIMIENTOS

Hay tantos a quienes agradecer. De hecho, este libro es un agradecimiento a todos aquellos que, de manera directa o indirecta, han contribuido a mi crecimiento.

Primero, agradezco a mi Dios Jehová por hacer mi vida especial, tan llena de experiencias que podría escribir muchos libros sobre las fascinantes historias que he vivido gracias a Él.

Estoy profundamente agradecida por el apoyo incondicional de mi familia. A mi mamá y a mi papá, por enseñarme a emprender y ser resiliente con su ejemplo. A mi esposo y a mis dos hijos, Pedro y Javier, por hacer todo lo posible para que mis metas se cumplan. Ellos, principalmente, son quienes han hecho que este libro sea una realidad.

# PRÓLOGO

La micropigmentación no es solo una técnica, es un arte transformador que puede cambiar vidas. Egle Yudmary Zurita Olivero, una reconocida especialista en el campo, lleva al lector a través de una narrativa inspiradora sobre cómo la visión del éxito fue fundamental antes de lograrlo realmente. Este libro explora el fascinante mundo de la micropigmentación, demostrando cómo la capacidad de visualizar el éxito y establecer metas puede ser el primer paso esencial para convertirse en un artista de micropigmentación de renombre.

Desde los inicios de su carrera, Egle ha comprendido que el éxito no se alcanza solo con habilidad técnica, sino también con una mentalidad clara y objetivos bien definidos. En estas páginas, comparte su viaje personal y profesional, ofreciendo a los lectores una visión profunda de cómo ha logrado sobresalir en una industria en constante evolución. Su historia no solo sirve como inspiración, sino también como una guía práctica para aquellos que buscan seguir sus pasos.

Este libro va más allá de la simple transmisión de conocimientos técnicos sobre la micropigmentación. Egle se enfoca en inspirar y guiar a los lectores en su proceso de convertirse en empresarios exitosos en este campo. Al combinar su vasta experiencia con una dosis de motivación personal, ofrece herramientas valiosas que ayudan a los futuros artistas a establecer y alcanzar sus metas profesionales.

La experiencia de Egle en la micropigmentación abarca una amplia gama de técnicas y conocimientos, que comparte generosamente con el lector. Desde los fundamentos básicos hasta los secretos avanzados de la profesión, cada capítulo está diseñado para proporcionar una comprensión completa y profunda de este arte. Además, sus consejos prácticos y estrategias efectivas son el resultado de años de práctica y dedicación, lo que garantiza que los lectores reciban una formación de alta calidad.

Con este libro, Egle Y. Zurita O. no solo pretende educar, sino también inspirar a una nueva generación de artistas de micropigmentación. Su objetivo es que cada lector encuentre en estas páginas la motivación y las herramientas necesarias para transformar sus sueños en realidad, alcanzando el éxito profesional y personal en el fascinante mundo de la micropigmentación.

GIC BOOKS

# INTRODUCCIÓN

Una frase que mi padre me ha repetido desde pequeña es: *"La dependencia laboral es una esclavitud legalizada y normalizada"*. Sus sabias palabras y nuestras profundas conversaciones fueron sembrando en mí el deseo de ser independiente laboralmente. A mis cortos seis años ya manejaba la caja registradora de su negocio, la Perfumería Zarina, una tienda de cosméticos. Ahí comenzó mi formación como comerciante independiente. A los 16 años, vendía ropa a crédito mientras ayudaba en los negocios familiares. Mientras mi padre y mi hermano se encargaban del campo, yo asumía responsabilidades comerciales. Somos de Ciudad Bolívar, una pequeña ciudad en Venezuela, y los hijos de Don Pedro eran conocidos por ser jóvenes trabajadores y emprendedores.

Mi visión estaba clara desde entonces: trabajar por mis metas, o alguien más me pondría a trabajar por las suyas. Como joven, dudaba en qué negocio enfocarme, lo que me llevó a probar distintos emprendimientos: desde una casa de lotería y una casa de empeño hasta cultivar pimentón y tomate, vender ropa e importar carros. Donde veía una oportunidad, la tomaba. Aunque esto puede parecer inestable y desgastante, tenía la energía para seguir adelante. En medio de todo esto, me gradué de abogada para complacer a mi madre, quien tenía ideas muy distintas a las de mi padre. Sin embargo, ninguna de estas actividades laborales me llenaba; solo me motivaba la libertad financiera y ser dueña de mi tiempo.

A los 37 años, decidí escuchar ese vacío interno que me decía que necesitaba encontrar algo que me apasionara, pero que también me brindara la misma libertad que ya tenía. Además, la situación en Venezuela estaba cambiando y las posibilidades de salir del país se convirtieron en un tema familiar importante. Empecé a buscar una habilidad que pudiera desarrollar y probé varias sin éxito. Un buen día, mi cuñada me habló del microblading, una técnica de cejas pelo a pelo. Me dijo que sería excelente para mí, ya que una sesión de microblading costaba alrededor de 800 dólares y en Venezuela solo una chica lo hacía. Recuerdo mi sorpresa al escuchar esto, ya que ni siquiera sabía cómo se escribía la palabra.

Después de investigar un poco, encontré a alguien que ofrecía un curso de microblading por poco más de 200 dólares, en contraste con los 4.000 dólares que cobraban otros. Decidí inscribirme pensando que había encontrado una gran oportunidad. Sin embargo, el curso no fue tan provechoso como esperaba, pero me di cuenta de que esta habilidad estaba en tendencia y era muy bien pagada. Esto me motivó a seguir estudiando. Asistí a todos los cursos y congresos que pude encontrar.

Así fue como inicié en el mundo de la micropigmentación. Encontré una pasión que llenó mi vacío: hacer algo que realmente me gustara. La micropigmentación se convirtió en un tesoro para mí. Pasaba mis días soñando con cejas perfectas y practicando constantemente. Realmente, la micropigmentación me robó el corazón y me dio lo que tanto necesitaba: una pasión que me permitiera ser libre y disfrutar de mi trabajo.

Este libro es el resultado de mi viaje hacia la independencia y la pasión por la micropigmentación. Aquí encontrarás no solo mi historia, sino también las lecciones que he aprendido, los desafíos que he superado y las estrategias que me han ayudado a construir una carrera exitosa en este campo. Espero que este libro inspire a otros a perseguir sus sueños, a encontrar su propia pasión y a alcanzar la independencia laboral, tal como lo hice yo.

Gracias por acompañarme en este viaje y por permitir que mi historia sea una parte de tu vida.

*Egle Yudmary Zurita O.*

# CAPÍTULO 1

*Mis fundamentos y mi desarrollo profesional*

Mi desarrollo profesional ha sido una travesía llena de aprendizajes, desafíos y éxitos que han moldeado no solo mi carrera, sino también mi vida personal y espiritual. Desde muy temprana edad, mis experiencias me inculcaron un fuerte deseo de independencia y autodeterminación. Este camino no fue siempre directo, pero cada paso me acercó más a la visión que tenía para mi vida.

Lo que realmente me ayudó a visualizar el éxito fue definir claramente lo que significaba el éxito para mí. Para algunos, el éxito puede ser sinónimo de fama, poder o riqueza, pero para mí, el éxito es tener libertad financiera y laboral. Esta libertad debía permitirme atender mi hogar, dedicar tiempo a mi Dios y al prójimo, y, por supuesto, disfrutar de mi trabajo. Tener este concepto claro me ayudó a ver la micropigmentación no solo como una pasión, sino como una meta empresarial.

Después de años de experimentar con diferentes negocios y finalmente encontrando mi pasión en la micropigmentación, entendí que debía abordar esta nueva carrera con una mentalidad empresarial. No se trataba solo de realizar procedimientos de maquillaje permanente, sino de construir una empresa sólida y sostenible en este campo. Así, me dediqué a aprender no solo las técnicas más avanzadas de micropigmentación, sino también las mejores prácticas de gestión empresarial, marketing y atención al cliente.

Mi enfoque en la micropigmentación como una meta empresarial implicó una serie de pasos estratégicos. Primero, invertí en mi formación continua. Asistí a congresos, tomé cursos avanzados y me aseguré de estar siempre al tanto de las últimas tendencias y tecnologías en el campo. Esta formación no solo mejoró mis habilidades técnicas, sino que también me permitió ofrecer servicios de la más alta calidad a mis clientes.

En segundo lugar, comprendí la importancia de construir una marca personal fuerte. La confianza y la credibilidad son esenciales en el sector de la belleza y la estética. Trabajé arduamente para establecerme como una experta confiable en micropigmentación. Utilicé las redes sociales y otras plataformas digitales para mostrar mi trabajo, compartir conocimientos y conectar con potenciales clientes y colegas del sector.

Además, desarrollé un plan de negocio sólido que incluía objetivos a corto y largo plazo. Este plan me ayudó a mantenerme enfocada y a medir mi progreso. Definí metas claras en términos de crecimiento de clientes, ingresos y expansión de servicios. También, implementé sistemas eficientes para la gestión de citas, seguimiento de clientes y control de inventario, lo cual optimizó mis operaciones diarias y me permitió ofrecer una mejor experiencia a mis clientes.

Otro aspecto crucial de mi desarrollo profesional fue el entendimiento profundo de mis clientes y sus necesidades. La micropigmentación es una industria impulsada por la satisfacción del cliente y la recomendación boca a boca. Por ello, me esforcé en construir relaciones duraderas con mis clientes, proporcionando un servicio personalizado y de alta calidad. Escuchar sus necesidades y deseos me permitió adaptar mis servicios para satisfacer sus expectativas y, a menudo, superarlas.

A medida que mi negocio creció, también me di cuenta de la importancia de dar y contribuir a la comunidad. La micropigmentación me brindó una plataforma para empoderar a otras mujeres, no solo a través de los servicios que ofrecía, sino también inspirándolas a perseguir sus propios sueños empresariales. Participé en eventos comunitarios, ofrecí talleres y capacitaciones, y colaboré con otras profesionales del sector para elevar el estándar de la industria en mi región.

La clave de mi éxito también residió en mantener un equilibrio entre mi vida profesional y personal. El concepto de éxito que definí me ayudó a priorizar mi tiempo y energía. Administrar mi propio negocio me permitió tener la flexibilidad necesaria para estar presente en mi hogar, dedicar tiempo a mis prácticas espirituales y servir a mi comunidad. Esta armonía entre trabajo y vida personal no solo enriqueció mi vida, sino que también me hizo una empresaria más efectiva y equilibrada.

Mi desarrollo profesional en la micropigmentación ha sido el resultado de una clara definición del éxito, una formación continua, una estrategia empresarial sólida y un profundo compromiso con mis clientes y comunidad. Al entender que el éxito para mí era la libertad financiera y laboral que me permitiera atender todas las facetas importantes de mi vida, pude transformar una simple pasión en una carrera floreciente y significativa. Este libro no solo narra mi viaje, sino que también busca inspirar a otros a encontrar su propio camino hacia la realización personal y profesional.

## Mi visión hacia el éxito en micropigmentación

La visión del éxito es un faro que guía a aquellos que se atreven a soñar en grande. Es una fuerza invisible que impulsa a las personas a superar obstáculos y alcanzar metas aparentemente inalcanzables. En mi vida, esta visión fue crucial mucho antes de que lograra realmente el éxito. En este nuevo capítulo, quiero llevarte a través de mi viaje hacia el mundo de la micropigmentación, donde la claridad de mi visión y mi determinación inquebrantable jugaron un papel fundamental.

Mi travesía comenzó en un momento de introspección profunda. Estaba en un punto de inflexión, evaluando mis logros y fracasos, y preguntándome qué era lo que realmente deseaba para mi futuro. La inquietud de no haber encontrado una pasión verdadera me llevó a explorar diferentes caminos, pero fue la claridad de mi visión lo que finalmente me guió hacia el mundo de la micropigmentación.

La micropigmentación, una técnica avanzada de maquillaje permanente, me ofreció algo que ninguna otra carrera había podido proporcionar: una combinación perfecta de creatividad, libertad financiera y la capacidad de empoderar a otras personas.

Sin embargo, antes de alcanzar el éxito en este campo, mi visión de lo que podría lograr fue mi mayor activo. Imaginaba a diario mi futuro como una experta en micropigmentación, ayudando a mujeres a sentirse más seguras y hermosas, y transformando vidas con cada trazo de mi aguja.

El primer paso fue educarme. La micropigmentación no era muy conocida en mi entorno, y la información disponible era escasa y a menudo confusa. Pero mi visión me mantuvo enfocada. Sabía que debía adquirir las habilidades y conocimientos necesarios para sobresalir en este campo. Invertí tiempo y recursos en cursos, seminarios y prácticas constantes. Mi visión de éxito me mantuvo motivada durante las largas horas de estudio y las prácticas intensas.

Cada vez que asistía a un curso, no solo aprendía técnicas nuevas, sino que también visualizaba cómo aplicaría esos conocimientos en mi propia práctica. Imaginaba a mis futuras clientas satisfechas, sus rostros iluminados por la alegría de verse transformadas. Este ejercicio de visualización era poderoso; me ayudaba a mantenerme enfocada y a superar cualquier duda o inseguridad que pudiera surgir.

Pero la visión del éxito no solo me ayudó a adquirir habilidades técnicas. También me impulsó a desarrollar habilidades empresariales cruciales. Entendí que para tener éxito en la micropigmentación, no bastaba con ser una buena técnica; debía ser también una emprendedora eficaz. Esto significaba aprender sobre marketing, gestión de negocios y servicio al cliente. Mi visión de tener una práctica exitosa me llevó a estudiar modelos de negocio, a desarrollar estrategias de marketing efectivas y a construir una marca que resonara con mi público objetivo.

Uno de los momentos más reveladores fue cuando, en un seminario, un reconocido experto en micropigmentación habló sobre la importancia de la mentalidad. Dijo que la diferencia entre los que triunfan y los que fracasan no radica únicamente en sus habilidades técnicas, sino en su mentalidad y su visión. Este concepto resonó profundamente conmigo. Me di cuenta de que mi visión de éxito debía ir acompañada de una mentalidad positiva y resiliente.

Comencé a aplicar principios de desarrollo personal a mi vida diaria. Practicaba la visualización todos los días, meditaba para mantener la claridad mental y leía libros sobre éxito y motivación. Estas prácticas no solo fortalecieron mi visión, sino que también me dieron la fortaleza emocional para enfrentar los desafíos y contratiempos.

A medida que mi visión se iba materializando, comencé a ver los frutos de mi esfuerzo. Las clientas satisfechas no solo regresaban, sino que también recomendaban mis servicios a otras personas. Mi negocio empezó a crecer, y con él, mi confianza y mi determinación. Cada éxito, por pequeño que fuera, reforzaba mi visión y me motivaba a seguir adelante.

La visión del éxito no es solo una imagen idealizada del futuro; es una herramienta poderosa que guía cada decisión y cada acción. En mi viaje hacia el mundo de la micropigmentación, mi visión fue la clave que abrió puertas y me permitió transformar sueños en realidad.

## *El arte y la oportunidad en la micropigmentación*

La micropigmentación es verdaderamente asombrosa en muchos aspectos. No solo es una habilidad que te permite generar ingresos significativos en un corto período de tiempo, sino que también es un arte que tiene un impacto profundo en la vida de las personas. Con la micropigmentación, se restaura la autoestima, se iluminan rostros con sonrisas y se resuelven problemas emocionales provocados por enfermedades como el cáncer o la alopecia.

Cuando uno se adentra en el mundo de la micropigmentación, se sorprende por la cantidad de oportunidades que ofrece. Es un universo vasto y diverso, donde cada individuo tiene la libertad de establecer sus propias metas y limitaciones. Algunos aspiran a alcanzar la riqueza y el éxito financiero, construyendo verdaderos imperios en el campo de la micropigmentación.

Conozco a colegas que han logrado este sueño y han creado estudios de belleza que no solo les brindan éxito personal, sino que también generan empleo y oportunidades para otros micropigmentadores. Sin embargo, también hay quienes se conforman con alcanzar un nivel de ingresos moderado y aplican la ley del mínimo esfuerzo en su trabajo diario.

La verdad es que con el dominio de la habilidad de la micropigmentación, se pueden alcanzar cualquier meta deseada en cualquier ámbito. Es una disciplina que ofrece una gran flexibilidad y versatilidad, lo que permite a cada persona adaptar su carrera según sus propias aspiraciones y objetivos. Ya sea que desees convertirte en una figura destacada en la industria, o simplemente disfrutar de un ingreso adicional mientras mantienes un equilibrio entre vida laboral y personal, la micropigmentación te brinda las herramientas necesarias para lograrlo.

Aquí te comparto los puntos cruciales que he descubierto en mi camino para alcanzar el éxito en esta emocionante industria:

- **Buscar una formación de calidad:** Desde el principio, comprendí que la capacitación era fundamental para mi desarrollo como micropigmentadora. Al igual que tú, evalué cuidadosamente las opciones disponibles y me aseguré de elegir un programa de formación dirigido por expertos en la materia. Entendí que no todas las artistas estaban calificadas para enseñar, así que tomé la decisión de buscar mentores que realmente pudieran guiarme en mi aprendizaje. Esto fue especialmente importante en técnicas como el microblading, donde la tutoría personalizada marca la diferencia en el dominio de la técnica.

- **Apoyarme en la comunidad:** Ser parte de comunidades de micropigmentadores ha sido fundamental en mi viaje de aprendizaje. Me he beneficiado enormemente al conectarme con colegas, compartiendo experiencias, obteniendo consejos prácticos y manteniéndome al día con las últimas tendencias y técnicas. La red de apoyo que he encontrado en estos grupos me ha brindado el estímulo necesario para superar obstáculos y seguir adelante en mi camino hacia el éxito.

- **Compromiso con el estudio continuo y la especialización:** He descubierto que la clave para destacar en la micropigmentación es mantenerme en constante aprendizaje y especialización. Me he comprometido a estudiar continuamente y a perfeccionar mis habilidades en áreas específicas, como el diseño de cejas. Al dominar una variedad de técnicas, como el microblading y el powderbrows, me he capacitado para abordar cualquier desafío que se presente y satisfacer las necesidades únicas de cada cliente.

Cada paso que he dado me ha acercado más a mis metas y me ha permitido crecer como profesional en este campo. Siempre estoy en busca de nuevas oportunidades para aprender y mejorar, y estoy emocionada por todo lo que el futuro me depara en esta apasionante industria.

### *El arte de convertirse en una artista de micropigmentación*

El camino hacia convertirse en un verdadero artista de la micropigmentación está lleno de desafíos y descubrimientos. Al principio, es natural que surjan dudas y frustraciones. Recuerdo perfectamente cuando comencé mi propio viaje en este fascinante mundo y me encontré luchando con la sensación de tener "dos manos izquierdas". Todo parecía difícil y desalentador, y me preguntaba si realmente tenía lo necesario para convertirme en una artista de la micropigmentación.

Asistir a cursos tras cursos solo aumentaba mi desesperación, ya que sentía que la información no me estaba llegando de la manera adecuada. Pasaba horas practicando, pero sin la guía y corrección adecuadas, seguía cometiendo los mismos errores una y otra vez. Sin embargo, hoy en día, he transformado esta experiencia en mi especialidad: ayudar a crear artistas en diversas técnicas de micropigmentación.

He desarrollado un programa de enseñanza online, diseñado meticulosamente para proporcionar a los estudiantes la formación y el apoyo que necesitan para crecer y prosperar en este campo. Utilizando una plataforma amigable y accesible, los guío a través de cada paso del proceso de aprendizaje. Además, he creado una comunidad donde los estudiantes pueden interactuar entre ellos, compartir experiencias, resolver dudas y recibir mentorías personalizadas donde se corrigen y se orientan en su desarrollo como artistas.

Sin embargo, enseñar micropigmentación va más allá de impartir conocimientos técnicos. Es fundamental contar con una buena actitud por parte del estudiante y reconocer que cada individuo tiene su propio ritmo de aprendizaje y nivel de exigencia. A menudo, me encuentro desempeñando el papel de psicóloga, ayudando a mis estudiantes a superar frustraciones y limitaciones mentales que pueden surgir en su camino hacia la excelencia.

Un aspecto importante a tener en cuenta es que el desarrollo de un artista no ocurre de la noche a la mañana. Se necesita tiempo, dedicación y práctica constante para perfeccionar las habilidades y alcanzar la maestría en este arte. Si bien algunos nacen con un talento innato para la micropigmentación, la mayoría de nosotros lo desarrollamos a través del arduo trabajo y la perseverancia.

Es esencial comprender que la micropigmentación abarca una variedad de técnicas, y para ser considerado un verdadero artista en este campo, se debe dominar una amplia gama de habilidades.

No basta con ser experto en una técnica específica; se debe estar preparado para enfrentar cualquier desafío o necesidad que surja entre los clientes. Esto implica formarse en múltiples técnicas de micropigmentación y mantenerse actualizado sobre las últimas tendencias y avances en la industria.

**Pasos que necesitas para llegar a la excelencia:**

A lo largo de mi trayectoria, he aprendido que el camino hacia la maestría en micropigmentación requiere determinación, práctica y una mentalidad triunfadora. Permíteme guiarte a través de estos pasos clave:

### 1. Elige sabiamente tu técnica y mentor:

Cuando comiences tu viaje en la micropigmentación, es crucial que elijas la técnica que deseas dominar y encuentres un mentor que te guíe en este camino. Yo misma me he formado con maestros que no solo dominan la técnica, sino que también tienen la habilidad de transmitir sus conocimientos de manera efectiva. Busca a alguien con experiencia y habilidades pedagógicas para maximizar tu aprendizaje.

### 2. Dedica tiempo a la práctica efectiva:

La práctica es la clave para perfeccionar tus habilidades en micropigmentación. Antes de trabajar en rostros humanos, dedica tiempo a practicar en modelos no reales, como papel, látex o rostros de silicona. Te sugiero practicar con al menos

3 o 4 modelos antes de atender a tu primera cliente. Estas sesiones de práctica te ayudarán a ganar confianza y mejorar tu técnica antes de enfrentarte al mundo real.

### 3. Desarrolla una mentalidad triunfadora:

En tu camino hacia la maestría en micropigmentación, es importante cultivar una mentalidad triunfadora. Establece metas claras y trabaja hacia ellas con determinación y perseverancia. Es normal sentir frustración en el camino, pero no permitas que te desvíe de tu objetivo. Ajusta tu plan si es necesario, pero mantén tu meta en mente en todo momento.

### 4. Mantente actualizado y abierto al aprendizaje continuo:

La micropigmentación es un campo en constante evolución, por lo que es importante que te mantengas actualizado sobre las últimas tendencias y avances en la industria. Participa en cursos de capacitación, asiste a conferencias y sigue aprendiendo nuevas técnicas y métodos. La educación continua es clave para mantener tus habilidades afiladas y tu práctica relevante.

### 5. Construye tu marca personal y red de contactos:

Una vez que hayas adquirido confianza en tus habilidades, es hora de construir tu marca personal y establecer una red de contactos en la industria. Utiliza las redes sociales para mostrar tu trabajo, interactuar con otros profesionales y atraer a potenciales clientes. Construir una reputación sólida y una red de apoyo te ayudará a crecer y expandirte en tu carrera.

### *6. Encuentra tu estilo único:*

A medida que te sumerjas más en el mundo de la micropigmentación, descubrirás que cada artista tiene su propio estilo único. No temas experimentar y encontrar lo que funciona mejor para ti. Ya sea que te inclines hacia un enfoque más natural y sutil o prefieras diseños más audaces y vanguardistas, tu creatividad es tu mayor activo. Permítete explorar y desarrollar tu estilo personal para destacar en el competitivo mundo de la micropigmentación.

### *7. Cultiva relaciones profesionales duraderas:*

En la industria de la micropigmentación, las relaciones profesionales son clave para el éxito a largo plazo. Cultiva conexiones sólidas con otros artistas, proveedores y clientes. Colabora con otros profesionales en proyectos creativos, comparte recursos y conocimientos, y mantén siempre una actitud profesional y respetuosa. Estas relaciones no solo enriquecerán tu práctica, sino que también te abrirán puertas a nuevas oportunidades y colaboraciones emocionantes en el futuro.

### *8. Aprende a gestionar tu negocio de manera eficiente:*

Ser un artista de la micropigmentación no solo se trata de dominar la técnica, sino también de gestionar eficazmente tu negocio. Dedica tiempo a aprender sobre aspectos como la gestión financiera, el marketing y la atención al cliente. Mantén registros detallados de tus clientes, agenda citas de manera organizada y establece políticas claras de precios y cancelación. Cuanto más profesional seas en la gestión de tu negocio, más exitoso serás en el largo plazo.

### 9. Invierte en tu desarrollo profesional:

El aprendizaje nunca termina en el mundo de la micropigmentación. Invierte en tu desarrollo profesional participando en cursos de actualización, workshops y conferencias. Mantente al tanto de las últimas tendencias y avances en la industria y sigue mejorando tus habilidades y conocimientos. Recuerda que el crecimiento profesional es un proceso continuo y aquellos que están dispuestos a invertir en sí mismos siempre destacarán en su campo.

### 10. Sé paciente y perseverante:

Por último, pero no menos importante, recuerda que el éxito en la micropigmentación requiere paciencia y perseverancia. Habrá momentos de frustración y desafíos en el camino, pero mantén tu visión clara y sigue adelante con determinación. Celebra tus logros, por pequeños que sean, y aprende de tus errores. Con dedicación y pasión, alcanzarás tus metas y te convertirás en el artista de micropigmentación que siempre has soñado ser.

Con estos consejos en mente, estás preparado para alcanzar nuevas alturas en tu carrera como artista de la micropigmentación. Sigue aprendiendo, creciendo y explorando tu creatividad, y nunca subestimes el impacto que puedes tener en la vida de tus clientes a través de tu arte.

## *Secretos de la micropigmentación*

La micropigmentación, también conocida como maquillaje permanente o tatuaje cosmético, es un procedimiento en el que se implanta pigmento en la piel para mejorar o corregir aspectos estéticos, como cejas, labios o líneas de los ojos. Sin embargo, detrás de esta técnica aparentemente sencilla, se esconden secretos y conocimientos especializados que son fundamentales para lograr resultados óptimos y duraderos.

### *1. Selección del color y pigmentación:*
Uno de los secretos mejor guardados de la micropigmentación es la selección adecuada del color y pigmentación. Cada tono de piel es único, por lo que es crucial elegir pigmentos que se adapten a la tez y tonalidad del cliente. Esto garantiza resultados naturales y favorecedores que complementan la apariencia del individuo. Además, la calidad de los pigmentos utilizados juega un papel crucial en la durabilidad y la estabilidad del color a lo largo del tiempo.

### *2. Técnica y precisión:*
Otro secreto esencial de la micropigmentación radica en la técnica y precisión del artista. El uso adecuado de herramientas como el micropincel o el dermógrafo, así como la aplicación precisa de los trazos, son fundamentales para

crear resultados definidos y realistas. La habilidad del artista para controlar la profundidad y el ángulo de la implantación del pigmento determina la apariencia final del procedimiento y su durabilidad.

### *3. Anatomía y estructura facial:*

Comprender la anatomía y la estructura facial es otro secreto importante de la micropigmentación. Un artista experto debe tener un conocimiento profundo de la forma y las proporciones del rostro humano para poder diseñar y ejecutar procedimientos que mejoren la armonía y la belleza natural del cliente. Esto implica considerar factores como la forma de las cejas y la posición de los ojos para lograr resultados equilibrados y estéticamente agradables.

### *4. Higiene y seguridad:*

La higiene y la seguridad son aspectos fundamentales que no deben pasarse por alto en la micropigmentación. Los artistas deben seguir estrictas medidas de higiene para prevenir infecciones y garantizar la seguridad y el bienestar de sus clientes. Esto incluye el uso de equipos esterilizados, desinfección de superficies y cumplimiento de estándares de salud y seguridad establecidos por las autoridades competentes.

### *5. Educación continua y actualización:*

Por último, pero no menos importante, la educación continua y la actualización son clave para mantenerse al día con las últimas tendencias y avances en la micropigmentación. Los artistas deben participar en cursos de capacitación, talleres y conferencias para mejorar sus habilidades y conocimientos, así como para explorar nuevas técnicas y tecnologías que puedan mejorar su práctica. Mantenerse informado y educado es esencial para ofrecer a los clientes los mejores resultados posibles y mantenerse competitivo en el campo de la micropigmentación.

Como puedes ver, los secretos de la micropigmentación van más allá de la simple aplicación de pigmento en la piel. Requieren un profundo entendimiento de la anatomía facial, habilidad técnica, precisión, higiene y un compromiso continuo con la educación y la mejora profesional. Al revelar estos secretos y ponerlos en práctica, los artistas pueden ofrecer resultados excepcionales y satisfactorios que realzan la belleza natural de sus clientes y mejoran su confianza en sí mismos.

*La micropigmentación de cejas:*
*Descubriendo las técnicas*

En mi recorrido hacia la excelencia en la micropigmentación, me he sumergido en el fascinante mundo de las diferentes técnicas disponibles para embellecer las cejas. Cada técnica tiene sus propios secretos y misterios, y aquí comparto mis descubrimientos:

**Hiperrealismo en cejas:**
Cuando se trata de imitar la apariencia natural del vello en las cejas, dos técnicas se destacan en mi experiencia:

- *Microblading:* Con el microblading, utilizando un instrumento manual llamado tebori, puedo crear la ilusión de pelos individuales al aplicar pigmento en la capa epidérmica. La clave está en seguir la dirección natural del vello para obtener resultados realistas. Sin embargo, debo tener cuidado, ya que no todas las pieles son aptas para esta técnica, y la experiencia del artista es fundamental para evitar profundidades inadecuadas.

- *Hair Stroke:* Aunque no sigue el patrón de crecimiento natural del vello, el hair stroke ofrece trazos artísticos que logran una ilusión de hiperrealismo. Cada artista desarrolla un estilo único, otorgando un valor adicional al arte detrás de cada trazo.

**Efecto maquillaje en cejas:**
Para aquellos que desean un aspecto más definido y pulido en sus cejas, una técnica que he dominado es el powderbrows:

- *Powderbrows:* Utilizando una máquina rotativa, puedo depositar pigmento en la capa epidérmica, logrando un efecto degradado que imita el maquillaje en polvo. Esta técnica es versátil y adecuada para todos los tipos de piel, proporcionando un acabado suave y natural.

Es esencial recordar que todas estas técnicas tienen una duración aproximada de 12 a 24 meses, dependiendo de factores como el tipo de piel y los cuidados posteriores. Además, la ejecución correcta de la técnica por parte del especialista es fundamental para obtener resultados satisfactorios y duraderos.

En cuanto a las asimetrías en las cejas, he aprendido que corregirlas no siempre es necesario y puede incluso causar problemas estéticos si no se hace correctamente. Es crucial que como especialista, comprenda la importancia del diseño y manejo de técnicas para lograr resultados satisfactorios y evitar complicaciones.

Al elegir la técnica adecuada y confiar en mi habilidad y experiencia, puedo ofrecer a mis clientes resultados increíbles que realzan su belleza natural y mejoran su confianza en sí mismos.

**Estructura Ósea**

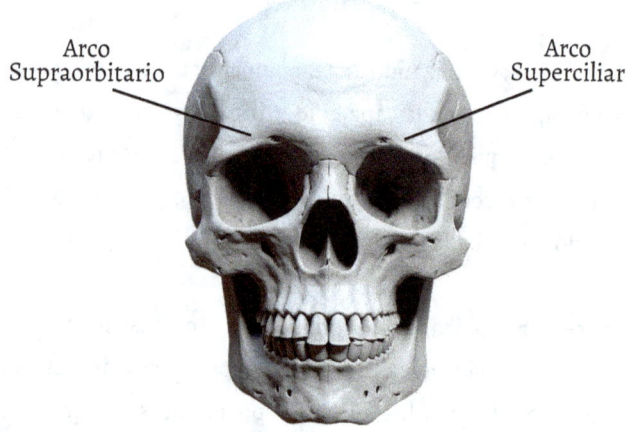

Arco Supraorbitario

Arco Superciliar

**Simetría**
Rasgos femeninos y masculinos
balance de las proporciones

Para comprender plenamente este punto crucial, es imprescindible tener un profundo conocimiento de los diferentes tipos de asimetrías que puedes enfrentar al diseñar las cejas. Además, es esencial identificar los puntos clave de la estructura ósea que no deben ser modificados, ya que proporcionan una base fundamental para un diseño de cejas armonioso y natural.

**Tipos de asimetrías:**

Cuando hablamos de asimetrías en las cejas, nos referimos a discrepancias en la forma, posición o tamaño de las cejas entre el lado izquierdo y el derecho del rostro. Algunas de las asimetrías más comunes incluyen:

- *Desigualdad en el arco supraorbitario:* Esta asimetría se manifiesta como una diferencia en la altura del arco supraorbitario, que marca el inicio inferior de las cejas. Puede resultar en cejas que parecen estar en diferentes niveles o alturas en el rostro.
- *Irregularidades en el arco superciliar:* Esta asimetría se refiere a una discrepancia en la forma o prominencia del arco superciliar, que marca el punto más alto de las cejas. Puede causar que una ceja se vea más arqueada o prominente que la otra, creando una apariencia desigual en el rostro.

**Puntos de la estructura ósea:**

Para abordar estas asimetrías de manera efectiva, es crucial identificar y comprender los puntos clave de la estructura ósea que sirven como referencia para el diseño de cejas. Estos puntos incluyen:

- *Arco supraorbitario:* Este punto marca el inicio inferior de las cejas y proporciona una guía para determinar su posición y forma.

- **Arco superciliar:** Ubicado más arriba en la frente, este punto marca el arco superior o el punto más alto de las cejas. Es fundamental para crear una forma armoniosa y natural en las cejas.

Al conocer y utilizar estos puntos como referencia, los especialistas en micropigmentación pueden personalizar el diseño de cejas según las características únicas de cada cliente, incluso si este es completamente alopécico. Estos puntos de referencia proporcionan una base sólida para crear cejas que se adapten perfectamente al rostro y realcen su belleza natural.

**Seguimiento y cuidados:**

Es importante tener en cuenta que el éxito del procedimiento de micropigmentación no solo depende de la habilidad del especialista, sino también del cumplimiento de los cuidados por parte del cliente. Por lo tanto, es fundamental realizar un seguimiento cuidadoso de cada cliente para evaluar la evolución de la técnica y determinar si se requiere alguna mejora adicional para lograr resultados óptimos.

Al comprender las diferentes asimetrías y puntos de referencia de la estructura ósea, así como la importancia del seguimiento y los cuidados post-procedimiento, los especialistas en micropigmentación pueden ofrecer resultados excepcionales que realzan la belleza natural de sus clientes y mejoran su confianza en sí mismos.

## *Estrategias efectivas para el éxito en ventas y marketing*

Ahora que hemos explorado los secretos fundamentales de la micropigmentación de cejas, es momento de adentrarnos en otro aspecto crucial para todo micropigmentador: las estrategias de ventas y marketing. Si bien dominar las técnicas de micropigmentación es esencial, también es importante comprender cómo promover y vender nuestros servicios de manera efectiva. Aquí comparto algunos puntos clave que todo micropigmentador debe tener en cuenta:

### *1. Aprovechando las Redes Sociales:*

El poder de las redes sociales en el mundo actual es innegable. Si bien el boca a boca puede ser efectivo para alcanzar tus metas financieras, las redes sociales pueden acelerar ese proceso. No es necesario ser una celebridad; con consistencia y una estrategia bien pensada, también puedes destacarte. Las redes sociales son tu escaparate abierto al mundo las 24 horas del día, los 7 días de la semana. Sin embargo, es crucial dirigirte a tu público objetivo dentro de esa amplia audiencia.

### *2. Creando avatares:*

Una herramienta invaluable para dirigirte a tu público objetivo es crear avatares, representaciones ficticias de tus clientes ideales. Al menos, deberías elaborar unos cuatro avatares específicos. Esto te ayudará a entender mejor a quién estás tratando de vender tus servicios y cómo puedes abordar sus necesidades de manera efectiva.

> *Por ejemplo:*
>
> María: Una ejecutiva de entre 25 y 35 años, madre soltera con una vida social activa y apasionada por el maquillaje.
>
> Sofía: Una mujer que sufre de alopecia o ha perdido sus cejas debido al cáncer, experimentando sentimientos de depresión.

### 3. *Material visual atractivo:*

Una vez que hayas definido tus avatares, es crucial crear contenido visual atractivo que resuene con ellos. Debes entender las emociones y los deseos de tu público objetivo para poder captar su atención y ganar su confianza. Utiliza tus redes sociales como una plataforma para compartir historias inspiradoras, testimonios de clientes satisfechos y contenido educativo sobre la micropigmentación de cejas.

### 4. *Desarrollando contenido atractivo:*

Además del contenido visual, también es importante desarrollar títulos atractivos y llamativos para tus publicaciones en redes sociales. Aquí te dejo algunas ideas para que te inspires:

> *«¿Sabías que la depresión puede superarse simplemente haciéndote las cejas?"*
>
> *«¿Perdiste tus cejas debido al cáncer? ¡Yo tengo la solución!»*
>
> *"El microblading: una solución para la alopecia."*
>
> *«¿Cansada de llegar a casa sin cejas después de horas de baile?"*
>
> *"No pierdas más tiempo maquillando tus cejas."*

### 5. Construyendo tu marca personal:

Por último, es esencial posicionarte como un referente en el campo de la micropigmentación de cejas. Esto se logra a través de la construcción de tu marca personal, que implica compartir testimonios de clientes, interactuar con la comunidad y transmitir confianza y profesionalismo en todo momento.

El éxito como micropigmentador va más allá de dominar las técnicas; también implica comprender y aplicar estrategias efectivas de ventas y marketing. Con creatividad, consistencia y una comprensión profunda de tu público objetivo, puedes destacarte en el competitivo mundo de la micropigmentación de cejas y alcanzar el éxito que te propongas.

En el vasto universo de la micropigmentación de cejas, hay dos tipos de profesionales: aquellos que se conforman con lo básico y aquellos que se esfuerzan por alcanzar la maestría. Como especialista en este campo, puedo afirmar que la clave para destacar radica en la capacidad de dominar todas las técnicas disponibles, ya sea a través de métodos manuales o digitales. Mi trayectoria personal ha sido una odisea de aprendizaje, donde cada técnica, ya sea manual o digital, ha presentado sus propios desafíos. Sin embargo, con dedicación y práctica, he logrado alcanzar un nivel de destreza que me permite ofrecer a mis clientes resultados excepcionales.

En mi experiencia, divido las técnicas de micropigmentación de cejas en dos categorías principales: manual y digital. Cada una de estas técnicas ofrece una amplia gama de efectos y estilos, y en algunos casos, combinar ambas técnicas se puede obtener resultados aún más sorprendentes. Es importante destacar que, como estudiante, no es necesario tomar cursos separados para dominar cada efecto. Lo que realmente importa es contar con un mentor que pueda guiarte en el proceso de comprender y dominar las distintas técnicas, preparándote así para abordar cualquier desafío que se presente con tus clientes.

Además, es crucial reconocer que algunos profesionales optan por especializarse en una técnica específica, en lugar de intentar dominar todas. Esta especialización les permite destacar en un área particular y ofrecer resultados excepcionales en ese aspecto, aunque puede limitar su capacidad para abordar ciertos casos más complejos. Sin embargo, aquellos que eligen seguir este camino deben enfocarse en perfeccionar su habilidad en esa técnica específica, convirtiéndose así en referentes dentro de la industria.

A lo largo de mis siete años de experiencia en este campo, he aprendido que el talento natural es solo el punto de partida. Lo que realmente marca la diferencia es la disciplina, la constancia y la voluntad de seguir aprendiendo y mejorando cada día. Estos son los pilares sobre los que se construye la excelencia en la micropigmentación de cejas, y son la clave para superar cualquier obstáculo que se presente en el camino hacia la maestría.

## Desafiando las limitaciones: Cómo el TDAH se transformó en un impulso en el mundo de la micropigmentación

La micropigmentación no es simplemente un trabajo; es una pasión que transforma vidas y destinos. En un mundo donde la rutina a menudo nos consume, encontramos en esta práctica un universo de posibilidades infinitas, donde los números no solo representan ingresos, sino la expresión palpable de nuestro amor por lo que hacemos.

Personalmente, he navegado por la inconstancia laboral, experimentando con varios proyectos que no lograban inspirarme. A pesar de graduarme como abogada, nunca ejercí. No era por falta de oportunidades, sino por la falta de conexión con mi trabajo. La rutina y el orden me resultaban desafiantes, y durante mucho tiempo, me pregunté por qué no podía encontrar satisfacción en mi labor.

Todo cambió cuando descubrí la micropigmentación. Este arte no solo me brindó una nueva perspectiva, sino una pasión que avivó mi alma. Más allá de los aspectos financieros, encontré en la micropigmentación una fuente de creatividad y realización personal que había estado buscando.

Sin embargo, la verdadera revelación llegó cuando enfrenté un diagnóstico personal que cambió mi vida: el trastorno por déficit de atención con hiperactividad (TDAH). A través de un video sugerido por una amiga, descubrí que muchas de las luchas que había enfrentado tenían una explicación. El TDAH explicaba mi dificultad para mantener la concentración y el desorden en mi vida laboral. Pero también me mostró que el TDAH no era una limitación, sino un impulso.

Con la orientación de expertos, aprendí a aceptar mis limitaciones y a reconocer que pedir ayuda no es una señal de debilidad, sino de fortaleza. Descubrí que, con el enfoque adecuado, el TDAH puede convertirse en un activo, no un obstáculo. Transformé mi percepción del TDAH y lo convertí en una ventaja en mi vida profesional.

Hoy en día, como especialista en micropigmentación, comparto mi conocimiento y experiencia a través de un programa de mentoría diseñado para que el alumno pueda ejercer en 30 días o menos. Con un enfoque personalizado, un ambiente de apoyo y una comunidad de artistas, más del 90% de mis alumnos logran dominar la técnica en un tiempo récord. Esto supera con creces la tasa de éxito reportada por las academias convencionales, demostrando que no existe obstáculo insuperable.

En mi programa de mentoría, personas sin experiencia previa y aquellos que desean perfeccionar sus habilidades encuentran un espacio para crecer y desarrollarse como profesionales en la micropigmentación. Aquí, no se trata solo de aprender una técnica; se trata de descubrir una pasión, superar los obstáculos y alcanzar el éxito. Y eso, para mí, es lo que hace que la micropigmentación sea más que un trabajo; es un viaje de autodescubrimiento y realización personal.

# CAPÍTULO 2
*Mi libertad y empoderamiento*

La micropigmentación no solo se convirtió en mi profesión, sino en mi libertad. Desde muy joven, siempre soñé con alcanzar grandes metas y, para mí, esos sueños se volvieron metas en el momento en que comencé a planificar y trabajar duro para lograrlos. Sin embargo, nunca imaginé que la micropigmentación sería el vehículo que me llevaría a alcanzar esa libertad tan anhelada.

Mi padre me inculcó desde pequeña una lección que nunca olvidé: *"La dependencia laboral es una esclavitud legalizada y normalizada"*. Con esa idea en mente, sabía que no quería ser una esclava del sistema, trabajar bajo las órdenes de otros y cumplir un horario de trabajo preestablecido. La micropigmentación se presentó como la herramienta perfecta para escapar de esa realidad. Aunque requirió esfuerzo de mi parte, los resultados fueron rápidos y gratificantes, incluso a pesar de mis limitaciones iniciales.

A medida que veía la alegría y gratitud en los rostros de mis clientes, mi amor por esta técnica crecía exponencialmente. Me convertí en una apasionada defensora de cómo la micropigmentación podía elevar la autoestima, embellecer los rostros y, en muchos casos, cambiar vidas por completo. Durante dos años, me enfoqué únicamente en atender a mis clientes, a menudo realizando más de cinco procedimientos en un solo día. Los ingresos que generaba en tan poco tiempo me hacían sentir agradecida por haber encontrado este camino, pero también me di cuenta de que estaba trabajando en exceso y sacrificando mi propia libertad en el proceso.

Fue entonces cuando tomé la decisión de dar un paso adelante y convertirme en empresaria. Después de dos años de experiencia como artista de la micropigmentación, decidí formar mi propia academia. Esta decisión no solo me permitió compartir mis conocimientos y experiencias con otros, sino que también me brindó la oportunidad de recuperar mi libertad. Ahora, como fundadora de Latin PMU Academy, he capacitado a más de 2000 alumnos en todo el mundo.

Mi academia ha evolucionado y mejorado con el tiempo, y ahora ofrece un programa de mentoría en línea en técnicas de microblading y powderbrows. Este programa no solo proporciona formación técnica, sino que también enseña habilidades empresariales y de gestión para que mis alumnos puedan convertirse en empresarios exitosos en el campo de la micropigmentación. La micropigmentación no solo me permitió alcanzar mis metas profesionales, sino que también me brindó la libertad que siempre había anhelado. A través del trabajo duro, la dedicación y la pasión, pude transformar mi vida y ayudar a otros a hacer lo mismo.

## *La ruta hacia la libertad financiera en la micropigmentación*

La búsqueda de la libertad financiera es un anhelo compartido por muchos artistas dedicados a la micropigmentación y otras formas de arte. Para nosotros, la micropigmentación no es solo una profesión, sino una pasión que nos impulsa a alcanzar nuestras metas y sueños, tanto personales como financieros.

A menudo, como artistas, nos encontramos luchando con la idea de equilibrar nuestra creatividad con la necesidad de ganar un ingreso estable. Sin embargo, la micropigmentación ofrece una oportunidad única para aquellos que buscan liberarse de las limitaciones financieras tradicionales.

La micropigmentación nos brinda la capacidad de ser dueños de nuestro propio negocio, establecer nuestros propios precios y horarios, y controlar nuestro destino financiero. Ya no estamos limitados por los salarios fijos o los empleadores, sino que tenemos la libertad de establecer nuestros propios estándares de éxito y alcanzar nuestras metas financieras a nuestro propio ritmo.

Además, la demanda de servicios de micropigmentación está en constante crecimiento, lo que significa que hay un amplio potencial para generar ingresos significativos en este campo. A medida que perfeccionamos nuestras habilidades y nos ganamos la confianza de nuestros clientes, nuestra base de clientes crece y nuestros ingresos aumentan.

Pero más allá de los aspectos financieros, la micropigmentación nos ofrece una sensación de realización personal y satisfacción. Cada vez que transformamos un rostro y ayudamos a nuestros clientes a sentirse más seguros y seguros de sí mismos, experimentamos una gratificación que va más allá del dinero.

La micropigmentación nos brinda la libertad financiera que anhelamos como artistas. Nos permite seguir nuestra pasión mientras ganamos un sustento digno y nos empoderamos para controlar nuestro propio destino. Es una profesión que no solo nos permite vivir cómodamente, sino que también nos permite alcanzar nuestros sueños y vivir una vida plena y satisfactoria.

Para mí, ha sido una bendición, ofreciéndome no solo una carrera exitosa, sino también una libertad financiera y personal que nunca antes había experimentado. Desde el momento en que decidí sumergirme en este campo, mi vida cambió para siempre.

Cuando me encontraba atrapada en la monotonía de proyectos que no lograban inspirarme, donde mis días se desvanecían sin ningún sentido de realización, la micropigmentación se presentó como una luz al final del túnel. Fue mi escape de la rutina y la oportunidad de perseguir una pasión verdadera.

Al principio, no estaba segura de qué esperar. Pero a medida que me sumergía en el mundo de la micropigmentación, descubrí un universo de posibilidades que nunca antes había imaginado. No solo estaba embelleciendo rostros, sino que también estaba transformando vidas.

La libertad financiera que la micropigmentación me ofreció fue asombrosa. Pasé de depender de un salario fijo a ser dueña de mi propio negocio, estableciendo mis propios horarios y generando ingresos significativos. Cada cliente satisfecho era una confirmación de que había tomado la decisión correcta.

Pero más allá de los aspectos financieros, la micropigmentación me dio una sensación de libertad personal que nunca antes había experimentado. Podía elegir cuándo y dónde trabajar, adaptando mi agenda a mis necesidades y preferencias. Esta flexibilidad me permitió encontrar un equilibrio entre el trabajo y la vida personal, lo que resultó en una mayor satisfacción y bienestar general.

Además, la micropigmentación me brindó la oportunidad de expresar mi creatividad de una manera única. Cada rostro se convirtió en mi lienzo, y cada técnica que dominaba era una nueva forma de dejar mi huella en el mundo. Esta libertad creativa no solo era emocionante, sino que también me impulsaba a superar mis límites y a alcanzar nuevos niveles de excelencia.

## Desarrollando tu potencial en micropigmentación: Trabajando hacia el éxito

Cada uno de nosotros tiene sueños y metas únicas, pero lo esencial es mantenerlos firmes en nuestra mira, nunca perder de vista el camino que nos conducirá hacia ellos. En mis programas de mentoría, me dedico a guiar a mis alumnos en la identificación de sus metas y en trazar el camino que los llevará hacia ellas. Este libro es un testimonio transparente de mi propio camino hacia el éxito en la micropigmentación, con la intención de demostrar que, más allá del dominio técnico, la mentalidad, la actitud y la paciencia son pilares fundamentales para alcanzar nuestras metas.

Cuando yo empecé, no existían los programas de mentoría que hoy en día ofrezco a mis alumnos. Mi experiencia se basó en años de aprendizaje y práctica, pero gracias a los atajos y conocimientos transmitidos por un mentor, mis alumnos pueden alcanzar en meses lo que yo tardé años en lograr. Contar con la orientación adecuada acelera considerablemente el proceso hacia el éxito.

La micropigmentación es una oportunidad de emprender con una inversión inicial mínima y sin la necesidad de tener conocimientos previos. Lo que realmente se necesita es constancia y enfoque para avanzar hacia nuestras metas con determinación.

A lo largo del camino, muchos se desaniman al no encontrar la dirección correcta. Es por ello que he desarrollado un programa exhaustivo que guía a mis alumnos hacia el nivel de Maestría y Emprendimiento. Cada estudiante tiene la libertad de decidir dónde detenerse o cuál es su meta, pero lo importante es no dejarse vencer por los obstáculos y aprender a cultivar una mentalidad exitosa para superar cualquier desafío que se presente en el camino.

Tanto para aquellos que eligen dedicar la mayoría de su tiempo a la maternidad como para aquellos que buscan construir un imperio, mi programa ofrece las herramientas necesarias para alcanzar el éxito. En el camino hacia la realización de nuestros sueños, tanto el artista como el empresario se van moldeando, y lo más importante es dar el primer paso hacia esa transformación. ¡El viaje hacia el éxito comienza aquí!

## Transformación en micropigmentación:
## De técnico a empresario

Convertirse en propietario de un negocio en el campo de la micropigmentación puede ser un paso emocionante y gratificante en tu carrera profesional. Sin embargo, para hacerlo con éxito, es fundamental desarrollar habilidades de gestión y liderazgo además de tu experiencia técnica en micropigmentación. A continuación, te proporciono los pasos y consejos, que para mí son necesarios, para hacer esta transición de manera efectiva.

### *1. Dominio técnico:*
Antes de convertirte en propietario de un negocio, asegúrate de tener un dominio sólido de la técnica de micropigmentación. Esto incluye habilidades en microblading, sombreado, diseño de cejas, colorimetría y manejo de herramientas y equipos. La excelencia técnica es la base sobre la cual construirás tu negocio.

### *2. Educación en negocios:*
Adquiere conocimientos básicos en áreas clave de gestión empresarial, como contabilidad, marketing, gestión de personal, atención al cliente y planificación estratégica. Esto te ayudará a comprender mejor cómo funcionan los negocios y cómo tomar decisiones informadas para el crecimiento de tu empresa.

### 3. Desarrollo de un plan de negocios:

Elabora un plan de negocios detallado que incluya tu visión, misión, objetivos a corto y largo plazo, análisis de mercado, estrategias de marketing, estructura organizativa y proyecciones financieras. Este plan te servirá como una hoja de ruta para guiar el desarrollo y la expansión de tu negocio.

### 4. Identificación del mercado y clientes objetivo:

Investiga y comprende a tu mercado objetivo, incluidos los clientes potenciales, la competencia y las tendencias del mercado. Esto te ayudará a adaptar tus servicios y estrategias de marketing para satisfacer las necesidades y deseos de tus clientes.

### 5. Creación de una marca personal:

Desarrolla una marca personal sólida que refleje tus valores, estilo y filosofía como profesional de la micropigmentación. Esto incluye el diseño de un logotipo, la creación de un sitio web profesional, la presencia en redes sociales y la elaboración de materiales de marketing consistentes y atractivos.

### 6. Establecimiento de procesos y protocolos:

Define y documenta los procesos y protocolos para todas las operaciones de tu negocio, desde la atención al cliente y la programación de citas hasta la higiene y la seguridad en el lugar de trabajo. Estos procedimientos garantizarán la consistencia y la calidad en la prestación de tus servicios.

### 7. Construcción de un equipo:

Si planeas expandir tu negocio, considera la contratación de empleados o colaboradores independientes. Busca personas con habilidades y valores que complementen los tuyos, y capacítalos adecuadamente para garantizar un servicio excepcional al cliente.

### 8. Gestión financiera:

Mantén un control estricto de tus finanzas, incluidos los ingresos, gastos, impuestos y flujo de efectivo. Utiliza herramientas de contabilidad y software de gestión financiera para facilitar el seguimiento y la gestión de tus finanzas.

### 9. Atención al cliente:

Prioriza la satisfacción del cliente y establece relaciones sólidas con ellos. Escucha sus necesidades, brinda un servicio personalizado y busca constantemente formas de mejorar su experiencia. Los clientes felices son tus mejores embajadores de marca.

### 10. Desarrollo continuo:

Nunca dejes de aprender y crecer como profesional y empresario. Mantente actualizado sobre las últimas tendencias, técnicas y tecnologías en micropigmentación y gestión empresarial. Invierte en tu desarrollo personal y profesional a través de cursos, conferencias y networking.

Convertirse en propietario de un negocio en el campo de la micropigmentación requiere no solo habilidades técnicas excepcionales, sino también una sólida comprensión de los principios de gestión y liderazgo empresarial. Sigue estos pasos y consejos para hacer esta transición con éxito y construir un negocio próspero y gratificante en el apasionante mundo de la micropigmentación.

## El impacto de la micropigmentación en la vida y carrera de los profesionales del arte cosmético

La micropigmentación no solo brinda libertad financiera, sino que también empodera a quienes se dedican a esta práctica. Más allá de los aspectos monetarios, esta forma de arte ofrece una sensación de autonomía y empoderamiento que transforma vidas y destinos.

### Libertad de horarios:

Una de las mayores ventajas de ser un profesional en micropigmentación es la libertad para establecer tus propios horarios. Ya no estás atado a un horario de trabajo convencional de 9 a 5. Tú decides cuándo y cuánto trabajar, lo que te permite equilibrar mejor tu vida personal y profesional.

### Independencia laboral:

Al convertirte en un experto en micropigmentación, te conviertes en tu propio jefe. Ya no estás sujeto a las órdenes de un empleador. Tú tienes el control total sobre tu carrera y tu destino profesional. Puedes tomar decisiones independientes sobre los servicios que ofreces, los precios que estableces y la dirección que deseas tomar en tu negocio.

**Creatividad y expresión personal:**

La micropigmentación es un arte que te permite expresar tu creatividad y habilidades artísticas. Tienes la libertad de experimentar con diferentes técnicas, estilos y colores para crear obras maestras únicas que realcen la belleza natural de tus clientes. Esta forma de expresión artística no solo es gratificante, sino también empoderadora, ya que te permite dejar tu huella en el mundo a través de tu trabajo.

**Empoderamiento de los clientes:**

La micropigmentación no solo transforma físicamente a los clientes, sino que también los empodera emocionalmente. Para muchas personas, verse bien es fundamental para su autoestima y confianza en sí mismos. Al proporcionarles cejas perfectamente diseñadas, labios definidos o delineados de ojos impecables, les estás dando la capacidad de sentirse seguros y seguras, lo que puede tener un impacto profundo en sus vidas.

**Oportunidades de crecimiento profesional:**

La industria de la micropigmentación está en constante crecimiento, lo que significa que hay numerosas oportunidades de expansión y desarrollo profesional. Puedes especializarte en diferentes técnicas, como microblading, Powderbrows, Hair Stroke (cejas pelo a pelo con dermógrafo), micropigmentación de labios y delineado de ojos, para expandir tu oferta de servicios. También puedes convertirte en instructor o mentor, compartiendo tus conocimientos y experiencias con otros profesionales en congresos nacionales e internacionales.

La micropigmentación también brinda una sensación de empoderamiento y realización personal. Es una forma de arte que te permite expresar tu creatividad, ayudar a otros a sentirse seguros y confiados, y construir una carrera gratificante y exitosa a tu manera.

# CAPÍTULO 3

*Estrategias de negocios*

Diría que el dominio de la técnica es crucial para cualquier profesional en micropigmentación. Sin embargo, he observado cómo varios colegas han logrado destacarse como empresarios, incluso sin tener un dominio absoluto de la técnica, gracias a su habilidad para diseñar estrategias de ventas efectivas. Muchos de ellos optan por contratar a colegas con una destreza técnica excepcional para realizar los procedimientos, lo que demuestra que tener una comprensión clara de tus metas y saber cómo alcanzarlas es esencial en este campo.

Para aquellos que aspiran a establecer un negocio físico en micropigmentación, es fundamental desarrollar habilidades de gestión de empleados. Este tipo de negocio generalmente opera en asociación, donde los artistas contratados reciben un porcentaje de los ingresos generados. Por lo tanto, comprender cómo administrar eficazmente a tu equipo es crucial para garantizar el éxito a largo plazo. Además, realizar un análisis exhaustivo de costos te ayudará a estar preparado para los desafíos financieros que puedan surgir en el camino.

Permíteme compartir mi propia experiencia en este sentido: Cuando comencé mi carrera en la industria de la belleza, me enfoqué en las extensiones de pestañas y trabajé desde la comodidad de mi hogar. Aunque al principio me sentía un poco incómoda con esta configuración, contaba con el apoyo incondicional de algunas amigas cercanas que se convirtieron en mi familia en Chile. En ese momento, mi hijo mayor también estaba trabajando desde casa, lo que representaba un cambio importante en nuestras vidas. Sin embargo, contábamos con la estabilidad financiera proporcionada por el trabajo de mi esposo, lo que nos brindaba la seguridad necesaria para emprender nuevos desafíos.

Inicialmente, mi jornada laboral consistía en atender a hasta seis clientes por día. A medida que mi reputación crecía y mi agenda se llenaba, decidí entrenar a otra profesional en el arte de las extensiones de pestañas para satisfacer la creciente demanda. Con el tiempo, tomé la decisión de alquilar un local comercial para abrir mi propio estudio de micropigmentación. Este paso me permitió centrarme por completo en este campo y dejar que mis colegas se encargaran de las extensiones de pestañas en el negocio.

Con el tiempo, el negocio prosperó y llegué a tener un equipo de cuatro talentosas profesionales a cargo de las extensiones de pestañas. Mientras tanto, mi hijo Pedro se unió al negocio con la firme determinación de convertirse en Master de una academia reconocida en la industria. Con su dedicación y esfuerzo, logró alcanzar este objetivo en un tiempo récord, convirtiéndose en el Master más joven hasta la fecha.

En menos de seis meses, mi estudio de micropigmentación estaba en pleno funcionamiento y generando ingresos significativos. Este camino hacia el éxito empresarial me enseñó la importancia de tener una visión clara y determinada, así como la capacidad de adaptarse a los desafíos y aprovechar las oportunidades que se presentan en el camino. La micropigmentación no solo me brindó libertad financiera, sino también un sentido de empoderamiento y realización personal.

### *Estrategias claves y planes de acción para desarrollar y mantener un negocio de micropigmentación exitoso.*

Desarrollar y mantener un negocio de micropigmentación exitoso requiere de estrategias sólidas y planes de acción efectivos. Aquí te presento algunas claves para lograrlo:

**1. *Establecer una marca distintiva:*** Define claramente la identidad de tu negocio, incluyendo el nombre, el logo, los colores y el estilo. Esto te ayudará a destacarte en un mercado cada vez más competitivo.

**2. *Conocer a tu audiencia:*** Realiza investigaciones de mercado para comprender las necesidades, deseos y preferencias de tu público objetivo. Esto te permitirá adaptar tus servicios y estrategias de marketing de manera más efectiva.

**3. *Ofrecer servicios de calidad:*** La excelencia en la técnica de micropigmentación es fundamental. Capacítate constantemente, mantente al tanto de las últimas tendencias y utiliza productos de alta calidad para garantizar resultados satisfactorios para tus clientes.

**4. *Crear una experiencia excepcional para el cliente:*** Desde el primer contacto hasta el seguimiento posterior al tratamiento, enfócate en brindar una experiencia excepcional a tus clientes. Esto incluye un trato amable, un ambiente acogedor y una comunicación clara y transparente.

***5. Construir relaciones sólidas:*** Fomenta la lealtad de tus clientes a través de programas de fidelización, descuentos especiales y promociones exclusivas. Además, aprovecha las redes sociales y el correo electrónico para mantener el contacto y fortalecer las relaciones con tus clientes.

***6. Implementar estrategias de marketing efectivas:*** Utiliza una combinación de marketing digital y tradicional para promocionar tu negocio. Esto puede incluir la creación de un sitio web profesional, la gestión activa de redes sociales, la publicidad pagada, la participación en eventos de la industria y la colaboración con otros profesionales del sector.

***7. Diversificar tus servicios:*** Considera la posibilidad de ampliar tu oferta de servicios para satisfacer las necesidades cambiantes de tus clientes. Además de la micropigmentación de cejas, puedes ofrecer servicios de micropigmentación de labios, párpados y otras áreas del cuerpo.

***8. Gestionar eficientemente el negocio:*** Dedica tiempo a la planificación y la organización de tus actividades comerciales. Esto incluye la gestión de citas, el control de inventario, la administración financiera y la contratación y capacitación de empleados, si es necesario.

**9. *Adaptarse al cambio:*** Mantente flexible y dispuesto a adaptarte a las nuevas tendencias, tecnologías y regulaciones de la industria. Esto te ayudará a mantener la relevancia y la competitividad en el mercado a largo plazo.

**10. *Buscar el crecimiento constante:*** Establece metas claras y realistas para el crecimiento de tu negocio y trabaja de manera constante para alcanzarlas. Esto puede implicar la expansión a nuevas ubicaciones, la incorporación de nuevos servicios o la colaboración con otros profesionales del sector.

Al implementar estas estrategias claves y planes de acción, estarás en una posición sólida para desarrollar y mantener un negocio de micropigmentación exitoso y sostenible a largo plazo.

## Micropigmentación rentable:
## Claves para aumentar tus ganancias

El tiempo, ese recurso tan preciado y limitado que define gran parte de nuestras vidas. Cuando se trata de vender servicios, especialmente en el campo de la micropigmentación, esta limitación se vuelve aún más evidente. No se trata simplemente de ofrecer un producto, sino de dedicar un tiempo valioso a cada cliente, brindándoles una experiencia única y satisfactoria.

Como artistas de la micropigmentación, tenemos el poder y el privilegio de establecer nuestros propios precios. Sin embargo, en un mercado donde la competencia puede ser feroz y a menudo desleal, es crucial no caer en la tentación de bajar los precios para competir. En cambio, debemos enfocarnos en destacar el valor único de nuestros servicios y posicionarnos como artistas referentes en nuestro campo.

**¿Cómo logramos esto?** Primero y ante todo, ofreciendo más que solo un servicio. Se trata de crear una experiencia completa para nuestros clientes, desde el momento en que nos contactan hasta después de que el procedimiento ha finalizado. Esto puede implicar brindar un trato personalizado, un ambiente acogedor en nuestro estudio y un seguimiento cuidadoso para garantizar la satisfacción del cliente a largo plazo.

Además, es fundamental aprovechar el poder de las redes sociales para promocionar nuestro trabajo y llegar a nuestro público objetivo. Utilicemos estas plataformas para mostrar nuestro trabajo, compartir testimonios de clientes satisfechos y transmitir la calidad y el valor de nuestros servicios. Al hacerlo, podemos posicionar nuestra micropigmentación como un lujo que vale la pena y que nuestros clientes desean tener.

Pero el verdadero éxito viene cuando logramos captar la atención y la lealtad de los clientes adecuados. En lugar de tratar de atraer a todos, enfoquémonos en identificar y conectar con nuestro cliente ideal. Si podemos convertir a diez clientes de alta calidad, es probable que cada uno de ellos nos refiera a al menos cinco más, creando una cadena de clientes satisfechos que continúa creciendo.

Para aquellos de nosotros que buscan expandir nuestros ingresos y nuestro impacto, el siguiente paso puede ser entrenar a nuevos artistas o asociarnos con talentos ya formados que comparten nuestra visión y nuestros estándares de calidad. Al hacerlo, no solo multiplicamos nuestra capacidad para atender a más clientes, sino que también ayudamos a otros artistas a alcanzar su máximo potencial y a contribuir al crecimiento y la profesionalización de nuestra industria.

La clave para un negocio de micropigmentación exitoso radica en ofrecer un servicio excepcional, valorar nuestro tiempo y nuestra experiencia, y enfocarnos en atraer a los clientes adecuados. Al hacerlo, no solo creamos un negocio próspero, sino que también construimos una comunidad de clientes satisfechos y artistas inspirados que comparten nuestra pasión por la micropigmentación.

## Consejos prácticos y estrategias para maximizar las ganancias, incluyendo precios, servicios adicionales y marketing.

Como artista de la micropigmentación con años de experiencia, puedo decir que maximizar las ganancias en este campo no solo se trata de fijar precios altos, sino de implementar estrategias inteligentes y ofrecer servicios adicionales que agreguen valor a la experiencia del cliente. A lo largo de mi trayectoria, he aprendido algunos consejos prácticos y estrategias efectivas que han contribuido significativamente al crecimiento de mi negocio. Aquí comparto algunos de ellos:

1. ***Fijar precios competitivos pero justos:*** Es importante establecer tarifas que reflejen el valor de tu trabajo y tus habilidades, pero que al mismo tiempo sean competitivas en el mercado. Realiza un análisis de precios en tu área y considera factores como la calidad del servicio, la experiencia y los costos operativos para determinar tus tarifas.

2. ***Ofrecer servicios adicionales:*** Para aumentar tus ingresos, considera ofrecer servicios complementarios que puedan ser atractivos para tus clientes. Esto podría incluir sesiones de retoque, paquetes de cuidado posterior, productos para el cuidado de la piel o incluso servicios de asesoramiento de estilo.

*3. Implementar una estrategia de upselling:* Durante las consultas o los procedimientos, identifica oportunidades para promocionar servicios adicionales o productos que puedan mejorar la experiencia del cliente. Esto podría ser ofrecer un retoque de cejas al mismo tiempo que se realiza la micropigmentación de labios, por ejemplo.

*4. Crear paquetes y promociones:* Ofrece paquetes de servicios atractivos que combinen varios tratamientos a un precio reducido. Además, considera lanzar promociones especiales en ciertas épocas del año o para clientes recurrentes para incentivar las ventas.

*5. Invertir en marketing digital:* Las redes sociales y el marketing en línea son herramientas poderosas para promocionar tu negocio y llegar a nuevos clientes. Crea una sólida presencia en plataformas como Instagram, Facebook y TikTok, y comparte regularmente contenido relevante y de calidad para mantener el compromiso con tu audiencia.

*6. Solicitar referencias y testimonios:* La satisfacción del cliente es clave para el éxito a largo plazo. Anima a tus clientes satisfechos a que compartan sus experiencias y recomienden tus servicios a amigos y familiares. Los testimonios positivos pueden ser una poderosa herramienta de marketing.

**7. Establecer alianzas estratégicas:** Colabora con otros profesionales del cuidado de la piel, estilistas o salones de belleza para ampliar tu alcance y atraer nuevos clientes. Ofrece descuentos especiales a los clientes referidos por estas alianzas para incentivar la colaboración mutua.

**8. Invertir en tu desarrollo profesional:** Mantente actualizado con las últimas tendencias, técnicas y tecnologías en micropigmentación. Participa en cursos de formación continua, asiste a conferencias y eventos del sector, y busca oportunidades para perfeccionar tus habilidades y diferenciarte de la competencia.

Maximizar las ganancias en la micropigmentación requiere una combinación de fijación de precios estratégica, oferta de servicios adicionales, marketing efectivo y atención al cliente excepcional. Al implementar estas prácticas y estrategias, puedes fortalecer tu negocio y alcanzar nuevos niveles de éxito y crecimiento.

## Estrategias para el éxito económico

Como propietaria de un estudio de micropigmentación, entender y gestionar adecuadamente las finanzas es esencial para garantizar el éxito y la sostenibilidad del negocio. Aquí hay una guía sobre aspectos fundamentales de la gestión financiera en un estudio de micropigmentación, desde contabilidad hasta estrategias de reducción de costos:

- *Contabilidad precisa:* Mantener registros financieros precisos es crucial para monitorear los ingresos, los gastos y la rentabilidad de tu estudio. Considera utilizar software de contabilidad o contratar a un contador para ayudarte a llevar un registro detallado de todas las transacciones financieras, incluidos los ingresos por servicios, costos de suministros, gastos operativos y más.

- *Presupuesto y planificación financiera:* Elaborar un presupuesto detallado te ayudará a establecer metas financieras, controlar los gastos y tomar decisiones informadas sobre inversiones y expansión. Analiza tus ingresos y gastos pasados para crear un presupuesto realista y revisa regularmente tus finanzas para ajustar tu plan según sea necesario.

- *Gestión de efectivo:* Administra cuidadosamente el flujo de efectivo de tu estudio para garantizar que siempre tengas suficiente liquidez para cubrir los gastos operativos y otros compromisos financieros. Monitorea de cerca los ingresos y los pagos pendientes, y considera establecer una política de crédito clara para clientes que pagan a plazos.

- *Fijación de precios estratégica:* Determina precios que reflejen el valor de tus servicios y cubran los costos operativos mientras sigues siendo competitivo en el mercado. Considera factores como el tiempo dedicado a cada procedimiento, el costo de los materiales y equipos, y la demanda del mercado al establecer tus tarifas.

- *Reducción de costos:* Identifica áreas donde puedas reducir gastos sin comprometer la calidad de tus servicios. Esto podría incluir negociar precios con proveedores, optimizar el uso de suministros para minimizar el desperdicio, buscar opciones de arrendamiento en lugar de compra para equipos costosos, y optimizar la eficiencia operativa para reducir los costos laborales.

- *Diversificación de ingresos:* Explora oportunidades para diversificar tus fuentes de ingresos más allá de los servicios de micropigmentación tradicionales. Esto podría incluir la venta de productos para el cuidado de la piel o del hogar, la organización de talleres y cursos de formación, o la colaboración con otros profesionales del sector de la belleza para ofrecer servicios complementarios.

- ***Análisis de rentabilidad:*** Regularmente revisa tus estados financieros para evaluar la rentabilidad de tus servicios y identificar áreas de mejora. Analiza el rendimiento de cada servicio en términos de ingresos generados, costos asociados y margen de beneficio para tomar decisiones informadas sobre ajustes de precios o cambios en la oferta de servicios.

- ***Planificación fiscal:*** Trabaja con un profesional de impuestos para desarrollar una estrategia fiscal eficiente que te ayude a minimizar tu carga impositiva y maximizar tus ahorros fiscales. Aprovecha las deducciones fiscales disponibles para propietarios de pequeñas empresas y asegúrate de cumplir con todas las obligaciones fiscales y normativas aplicables.

Al prestar atención a estos aspectos fundamentales de la gestión financiera, podrás establecer una base sólida para el éxito a largo plazo de tu estudio de micropigmentación. La gestión financiera efectiva te permitirá tomar decisiones informadas, optimizar la rentabilidad y hacer crecer tu negocio de manera sostenible.

## Rentabilidad en micropigmentación:
## Estrategias para crecer y prosperar

La rentabilidad en micropigmentación es crucial para el crecimiento y la prosperidad del negocio. Para alcanzar un nivel óptimo de rentabilidad, es fundamental implementar estrategias efectivas que maximicen los ingresos y minimicen los costos.

Una de las estrategias clave es diversificar los servicios ofrecidos. Además de la micropigmentación de cejas, labios y ojos, considera la posibilidad de ofrecer servicios adicionales como la microblading, el shading o incluso tratamientos de cuidado de la piel relacionados.

Otro enfoque importante para aumentar la rentabilidad es establecer precios competitivos pero justos. Realiza un análisis de mercado para determinar los precios que son razonables para tus servicios y considera factores como la calidad, la experiencia y la ubicación de tu estudio. Además, ofrece opciones de paquetes o descuentos para incentivar a los clientes a probar servicios adicionales o a regresar para futuras sesiones.

El marketing efectivo también desempeña un papel crucial en la rentabilidad de un negocio de micropigmentación. Utiliza las redes sociales y tu sitio web para mostrar tu trabajo, compartir testimonios de clientes satisfechos y promocionar ofertas especiales o eventos. Considera colaboraciones con influencers o participa en eventos de la industria para aumentar tu visibilidad y atraer a nuevos clientes.

En términos de gestión financiera, es fundamental mantener una contabilidad precisa y al día. Lleva un registro detallado de tus ingresos y gastos, y revisa regularmente tus estados financieros para identificar áreas de mejora. Busca formas de reducir los costos sin comprometer la calidad del servicio, como negociar con proveedores, optimizar el uso de materiales o implementar prácticas de ahorro de energía.

Además, considera la posibilidad de diversificar tus fuentes de ingresos mediante la venta de productos complementarios, como productos para el cuidado de la piel o herramientas de micropigmentación. Esto puede ayudar a estabilizar tus ingresos y proporcionar un flujo de efectivo adicional para tu negocio.

## Guía Completa de recursos y herramientas para profesionales de la micropigmentación

Aquí tienes una lista de recursos y herramientas recomendadas para profesionales de la micropigmentación:

**Cursos y formación:**
- ***Academia de micropigmentación:*** Ofrecen cursos en línea y presenciales impartidos por expertos en el campo.
- ***Talleres especializados:*** Busca talleres que cubran áreas específicas como microblading, delineado de ojos, labios, entre otros.
- ***Seminarios y Conferencias:*** Asiste a eventos profesionales donde puedas aprender de los mejores en la industria y mantenerte actualizado sobre las últimas tendencias.

**Libros y material de lectura:**
- ***"Micropigmentación: Técnicas y prácticas avanzadas" de Jane Doe:*** Un libro completo que cubre desde los fundamentos hasta técnicas avanzadas en micropigmentación.
- ***"El arte de la micropigmentación» de John Smith:*** Ofrece una visión detallada sobre el arte y la ciencia detrás de la micropigmentación, incluyendo consejos prácticos y estudios de casos.
- ***Revistas y publicaciones especializadas:*** Suscríbete a revistas

especializadas en micropigmentación para estar al tanto de las últimas novedades y técnicas en el campo.

### Software y herramientas digitales:
- *Software de gestión de negocios:* Utiliza plataformas como Mindbody o Vagaro para administrar tus citas, clientes y ventas de manera eficiente.
- *Aplicaciones de diseño y edición de fotos:* Aplica herramientas como Adobe Photoshop o Procreate para crear bocetos y diseños personalizados para tus clientes.
- *Plataformas de redes dociales:* Aprovecha sitios como Instagram y Facebook para promocionar tu trabajo, mostrar antes y después de tus procedimientos, y conectar con tu audiencia.

### Equipo y Suministros:
- *Máquina rotativa:* Invierte en una buena máquina digital que te permita crear trazos y pixelados precisos, además de ofrecer una excelente implantación.
- *Pigmentos de calidad:* Utiliza pigmentos de calidad que sean seguros para la piel y proporcionen resultados duraderos.
- *Agujas desechables:* Asegúrate de contar con agujas estériles y desechables para cada procedimiento, priorizando la seguridad y la higiene.

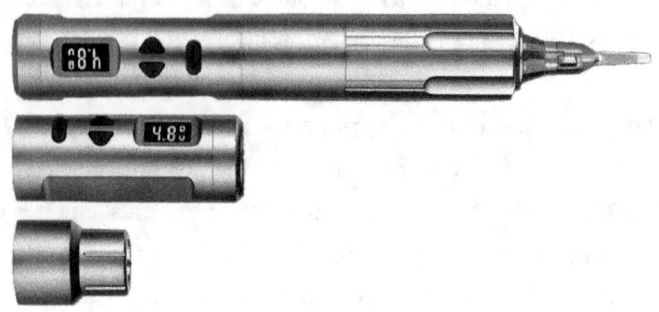

**Asociaciones y Organizaciones Profesionales:**
- *Society of Permanent Cosmetic Professionals (SPCP):* Únete a esta organización profesional para acceder a recursos exclusivos, educación continua y oportunidades de networking.
- *Asociación Internacional de Micropigmentación (IAP):* Participa en eventos y conferencias organizadas por esta asociación para conectarte con otros profesionales y aprender de los líderes de la industria.

**Foros y Comunidades en Línea:**
- *Micropigmentación Reddit:* Únete a esta comunidad en línea para intercambiar ideas, hacer preguntas y compartir experiencias con otros profesionales de la micropigmentación.
- *Grupos de Facebook:* Participa en grupos de Facebook dedicados a la micropigmentación donde puedes obtener consejos, compartir casos de estudio y conectarte con otros expertos en el campo.

Estos recursos y herramientas te ayudarán a mantenerte al día en la industria de la micropigmentación, mejorar tus habilidades y construir un negocio exitoso. ¡Espero que te sean útiles!

## 50 PREGUNTAS Y RESPUESTAS FRECUENTES SOBRE MICROPIGMENTACIÓN:

*Solución a dudas comunes en el ámbito de la micropigmentación.*

### ¿Qué es la micropigmentación?

La micropigmentación es una técnica estética que consiste en implantar pigmentos en la piel para corregir, embellecer o reconstruir determinadas áreas, como las cejas, los labios o la línea del ojo.

### ¿Cuáles son los beneficios de la micropigmentación?

Algunos beneficios incluyen una apariencia más definida y natural de cejas, labios y ojos, reducción del tiempo dedicado al maquillaje diario y mayor confianza en la apariencia personal.

### ¿Cuánto dura la micropigmentación?

La duración de la micropigmentación puede variar según el tipo de piel, el área tratada y el cuidado posterior, pero suele durar de 1 a 3 años.

### ¿Duele la micropigmentación?

La micropigmentación puede causar molestias leves durante el procedimiento, pero se aplica anestesia tópica para minimizar el dolor.

### ¿Qué áreas del cuerpo se pueden tratar con micropigmentación?

Se pueden tratar áreas como cejas, párpados, labios, cuero cabelludo y areolas mamarias.

### ¿Cuánto tiempo lleva el procedimiento de micropigmentación?

El tiempo del procedimiento varía según el área tratada, pero generalmente dura entre 1 y 3 horas.

### ¿Cómo se elige el color de los pigmentos?

El color de los pigmentos se elige de acuerdo con el tono de piel, el color natural del cabello y las preferencias personales del cliente.

### ¿Cuánto tiempo tarda en sanar la piel después de la micropigmentación?

La piel suele sanar en unas 2 semanas después del procedimiento, pero el proceso completo de curación puede llevar hasta un mes.

### ¿Cuál es la diferencia entre micropigmentación y tatuaje permanente?

La micropigmentación se realiza en la capa superior de la piel, mientras que el tatuaje permanente penetra más profundamente. Además, la micropigmentación utiliza pigmentos especiales diseñados para degradarse con el tiempo.

*¿Es seguro realizar micropigmentación durante el embarazo o la lactancia?*
Se recomienda evitar la micropigmentación durante el embarazo y la lactancia debido a posibles riesgos para el bebé y cambios en la piel.

*¿Cómo se prepara la piel para la micropigmentación?*
Se recomienda evitar la exposición al sol, el consumo de alcohol y ciertos medicamentos antes del procedimiento. Además, es importante mantener la piel limpia y bien hidratada.

*¿Se pueden corregir los errores de micropigmentación?*
Sí, los errores de micropigmentación pueden corregirse con técnicas de eliminación de pigmentos o mediante procedimientos correctivos.

*¿Cuándo se pueden ver los resultados finales de la micropigmentación?*
Los resultados finales de la micropigmentación son visibles después de que la piel se haya curado por completo, aproximadamente dentro de un mes.

*¿La micropigmentación es reversible?*
Aunque la micropigmentación se puede eliminar, el proceso

puede ser costoso y llevar tiempo. Es importante pensar cuidadosamente antes de realizar el procedimiento.

### ¿Qué precauciones se deben tomar antes y después de la micropigmentación?

Antes de la micropigmentación, se deben evitar ciertos medicamentos y actividades que puedan aumentar el riesgo de sangrado. Después del procedimiento, se deben seguir las instrucciones del especialista para cuidar la piel y evitar infecciones.

### ¿Cuánto cuesta la micropigmentación?

El costo de la micropigmentación varía según el área tratada, la experiencia del especialista y la ubicación geográfica, pero puede oscilar entre cientos y miles de dólares.

### ¿La micropigmentación es adecuada para todos?

La micropigmentación puede no ser adecuada para personas con ciertas condiciones de salud, como enfermedades autoinmunes, diabetes no controlada o problemas de coagulación sanguínea. Es importante consultar con un especialista antes de realizar el procedimiento.

### ¿Puedo hacer ejercicio después de la micropigmentación?

Se recomienda evitar el ejercicio intenso y la exposición al sol durante al menos una semana después de la micropigmentación para permitir que la piel se cure adecuadamente.

### ¿Cuántas sesiones se necesitan para la micropigmentación?

El número de sesiones varía según el tipo de procedimiento y las necesidades individuales del cliente. Por lo general, se requieren al menos dos sesiones para obtener resultados óptimos.

### ¿Cuánto tiempo debo esperar entre sesiones de micropigmentación?

Se recomienda esperar al menos 4 a 6 semanas entre sesiones para permitir que la piel se cure por completo y para evaluar los resultados antes de realizar cualquier retoque adicional.

### ¿Es seguro realizar micropigmentación en pieles sensibles?

La micropigmentación se puede realizar en diferentes tipos de piel, pero es importante informar al especialista sobre cualquier sensibilidad cutánea o alergias previas para evitar posibles complicaciones.

### ¿Se pueden hacer retoques después de la micropigmentación?

Sí, se pueden hacer retoques adicionales después de la micropigmentación para ajustar el color, la forma o la intensidad del pigmento, si es necesario.

### ¿Cuánto tiempo duran los resultados de la micropigmentación en los labios?

Los resultados de la micropigmentación en los labios suelen durar de 1 a 3 años, dependiendo del tipo de pigmento utilizado y los cuidados posteriores.

### ¿Qué debo hacer si no estoy satisfecho con los resultados de la micropigmentación?

Si no estás satisfecho con los resultados, es importante comunicarte con el especialista para discutir tus preocupaciones y considerar opciones de corrección o eliminación de pigmento.

### ¿La micropigmentación puede causar alergias?

Aunque es poco común, algunas personas pueden experimentar reacciones alérgicas a los pigmentos utilizados en la micropigmentación. Es importante realizar una prueba de alergia antes del procedimiento.

### ¿Se puede hacer micropigmentación en personas con piel oscura?

Sí, la micropigmentación se puede realizar en personas con piel oscura, pero es importante utilizar pigmentos adecuados y trabajar con un especialista experimentado en este tipo de piel.

### ¿Cuánto tiempo se tarda en recuperarse después de la micropigmentación en los ojos?

La recuperación después de la micropigmentación en los ojos suele tardar de 1 a 2 semanas, durante las cuales es posible que se experimente hinchazón y enrojecimiento en la zona tratada.

### ¿Se puede hacer micropigmentación en cicatrices?

Sí, la micropigmentación se puede utilizar para camuflar cicatrices, aunque es posible que se necesiten varias sesiones para lograr resultados óptimos, dependiendo del tipo y la profundidad de la cicatriz.

### *¿Puedo usar maquillaje después de la micropigmentación?*

Se recomienda evitar el maquillaje en la zona tratada durante al menos una semana después de la micropigmentación para permitir que la piel se cure adecuadamente.

### *¿La micropigmentación en las cejas se ve natural?*

Sí, la micropigmentación en las cejas puede verse muy natural si se realiza correctamente y se elige el color y la forma adecuados según el tono de piel y el color natural del cabello.

### *¿La micropigmentación en los labios cambia el color con el tiempo?*

Sí, el color de la micropigmentación en los labios puede desvanecerse con el tiempo debido a la exposición al sol y otros factores ambientales, pero se pueden realizar retoques para mantener el color deseado.

### *¿La micropigmentación puede cubrir cicatrices de alopecia?*

Sí, la micropigmentación se puede utilizar para camuflar cicatrices de alopecia y crear la ilusión de densidad capilar en áreas con pérdida de cabello.

### *¿La micropigmentación es permanente?*

Aunque la micropigmentación se considera semipermanente, los resultados pueden durar varios años antes de necesitar retoques. Sin embargo, el color y la intensidad pueden desvanecerse con el tiempo.

### *¿Puedo nadar después de la micropigmentación?*
Se recomienda evitar el contacto con agua clorada o salada durante al menos una semana después de la micropigmentación para evitar la irritación de la piel y permitir una adecuada cicatrización.

### *¿Es necesario retocar la micropigmentación con el tiempo?*
Sí, es posible que se necesiten retoques periódicos para mantener el color y la forma deseada después de la micropigmentación, especialmente en áreas expuestas al sol o sujetas a fricción constante.

### *¿Se pueden realizar procedimientos de micropigmentación en personas con piel seca o sensible?*
Sí, la micropigmentación se puede adaptar a diferentes tipos de piel, pero es importante informar al especialista sobre cualquier condición cutánea preexistente para evitar posibles complicaciones durante el procedimiento.

### *¿La micropigmentación en los labios afecta la sensibilidad?*
No, la micropigmentación en los labios no debería afectar la sensibilidad, ya que el procedimiento se realiza en la capa superficial de la piel y no afecta los nervios sensoriales.

*¿Cuánto tiempo se tarda en ver los resultados finales después de la micropigmentación en los labios?*

Los resultados finales de la micropigmentación en los labios son visibles después de que la piel se haya curado por completo, aproximadamente dentro de un mes después del procedimiento.

*¿Es seguro hacer micropigmentación en personas con antecedentes de herpes labial?*

Se recomienda evitar la micropigmentación en personas con antecedentes de herpes labial activo para prevenir posibles brotes y complicaciones. Es importante informar al especialista sobre cualquier condición médica preexistente para evaluar el riesgo y determinar si el procedimiento es adecuado.

*¿Se puede hacer micropigmentación en personas con piel propensa al acné?*

Sí, la micropigmentación se puede realizar en personas con piel propensa al acné, pero es importante informar al especialista sobre cualquier brote activo o lesión en la piel para evitar complicaciones y permitir una adecuada cicatrización.

*¿La micropigmentación en las cejas se desvanece con el tiempo?*

Sí, el color de la micropigmentación en las cejas puede desvanecerse con el tiempo debido a la renovación celular de la piel y otros factores ambientales, pero se pueden realizar retoques para mantener la intensidad del color.

***¿Se puede hacer micropigmentación en personas con alergias a los pigmentos?***

Se recomienda realizar una prueba de alergia antes del procedimiento para evaluar la sensibilidad a los pigmentos utilizados en la micropigmentación. En caso de alergia, se pueden utilizar pigmentos alternativos o se puede considerar otro tipo de tratamiento.

***¿La micropigmentación se puede realizar en personas con diabetes?***

Sí, la micropigmentación se puede realizar en personas con diabetes, pero es importante controlar los niveles de azúcar en sangre y seguir las recomendaciones del médico para garantizar una adecuada cicatrización y evitar complicaciones.

***¿Es necesario realizar un mantenimiento regular después de la micropigmentación?***

Sí, se recomienda realizar retoques periódicos cada 1-3 años para mantener el color y la forma deseada después de la micropigmentación, ya que el pigmento puede desvanecerse con el tiempo debido a la exposición al sol y otros factores ambientales.

***¿Se pueden realizar procedimientos de micropigmentación en personas con piel muy clara o muy oscura?***

Sí, la micropigmentación se puede adaptar a diferentes tonos de piel, pero es importante utilizar pigmentos adecuados y trabajar con un especialista experimentado para obtener resultados naturales y satisfactorios.

### *¿Cuáles son los riesgos asociados con la micropigmentación?*

Algunos riesgos incluyen infección, reacciones alérgicas, cambios en el color o la forma no deseados y cicatrices. Es importante seguir las recomendaciones del especialista y cuidar adecuadamente la piel después del procedimiento para minimizar estos riesgos.

### *¿Se pueden hacer procedimientos de micropigmentación en personas con antecedentes de cirugía estética?*

Sí, la micropigmentación se puede realizar en personas con antecedentes de cirugía estética, pero es importante esperar a que la piel esté completamente recuperada antes de realizar el procedimiento para evitar complicaciones y garantizar resultados óptimos.

### *¿La micropigmentación en las cejas es permanente?*

La micropigmentación en las cejas se considera semipermanente, ya que el pigmento se degrada con el tiempo y puede requerir retoques periódicos para mantener la forma y el color deseado.

### *¿La micropigmentación en los ojos afecta la visión?*

No, la micropigmentación en los ojos se realiza en la piel alrededor de los párpados y no afecta la visión ni la función ocular. Es importante buscar un especialista calificado y seguir las instrucciones postoperatorias para evitar complicaciones.

***¿La micropigmentación en los labios causa sequedad o descamación?***
Es posible experimentar sequedad o descamación temporal en los labios después de la micropigmentación, pero esto suele ser temporal y se puede aliviar con el uso de bálsamos labiales hidratantes y cremas recomendadas por el especialista.

# CONCLUSIÓN

Al llegar al final de este libro, es importante reflexionar sobre los aprendizajes más importantes y ofrecer consejos de motivación para aquellos que desean embarcarse en el emocionante viaje de la micropigmentación, ya sea como artistas o como empresarios.

A lo largo de estas páginas, hemos explorado en profundidad las técnicas, estrategias y desafíos que caracterizan a este apasionante campo, pero también hemos compartido reflexiones personales y experiencias que esperamos hayan sido inspiradoras y edificantes. En primer lugar, es fundamental recordar que la micropigmentación va más allá de simplemente aplicar pigmentos en la piel; es un arte que requiere pasión, dedicación y un compromiso constante con la excelencia. Cada trazo, cada sombra y cada detalle son parte de una expresión creativa que puede transformar vidas y generar un impacto profundo en la confianza y la autoestima de los clientes.

Uno de los aprendizajes más importantes que hemos compartido es la importancia de tener una visión clara y una meta definida. Ya sea que desees convertirte en un artista de renombre o establecer tu propio estudio de micropigmentación, tener una meta clara te brinda dirección y enfoque. Toma el tiempo para visualizar tus objetivos y trabaja con determinación para alcanzarlos, superando cualquier obstáculo que pueda surgir en el camino.

Además, hemos destacado la importancia de la formación continua y el desarrollo profesional. La industria de la micropigmentación está en constante evolución, con nuevas técnicas, productos y tendencias que emergen regularmente. Mantente actualizado con las últimas innovaciones y participa en cursos de formación y talleres para mejorar tus habilidades y mantener tu ventaja competitiva.

En términos de gestión empresarial, hemos explorado estrategias para maximizar la rentabilidad y mantener un negocio próspero. Desde establecer precios justos hasta implementar prácticas de marketing efectivas, es fundamental adoptar un enfoque estratégico para garantizar el éxito a largo plazo. Recuerda la importancia de mantener una gestión financiera sólida, llevar un registro detallado de tus ingresos y gastos, y buscar constantemente formas de mejorar la eficiencia y reducir los costos.

Finalmente, quiero enfatizar la importancia de la perseverancia y la determinación en el camino hacia el éxito. Habrá desafíos y momentos difíciles, pero cada obstáculo superado te acercará un paso más a tus metas. Mantén tu pasión viva, mantente enfocado en tu visión y nunca te rindas ante la adversidad. Con trabajo duro, dedicación y una mentalidad positiva, puedes alcanzar grandes alturas en el emocionante mundo de la micropigmentación.

Este libro no solo ha proporcionado información técnica sobre la micropigmentación, sino que también ha sido una fuente de inspiración y orientación para aquellos que desean convertirse en artistas y empresarios exitosos en este campo. Al adoptar una mentalidad de crecimiento, comprometerte con la excelencia y mantener tu pasión ardiente, estás bien encaminado para alcanzar el éxito y hacer una marca significativa en la industria de la micropigmentación. ¡Te deseo todo lo mejor en tu viaje hacia el logro de tus sueños!

# FUENTES BIBLIOGRÁFICAS

Sociedad Española de Cirugía Plástica, Reparadora y Estética (SECPRE). (2017). Libro Blanco de la Cirugía Plástica en España.

Asociación Española de Micropigmentación (AEM). (2020). Guía de Buenas Prácticas en Micropigmentación.

Asociación Española de Estética Oncológica (AEEO). (2019). Protocolos de Micropigmentación en Pacientes Oncológicos.

Martínez, A. (2018). Micropigmentación: Guía completa para artistas y profesionales. Editorial Belleza y Estética.

López, M. (2019). Micropigmentación: Técnicas y procedimientos. Ediciones Dermatológicas.

García, I. (2020). Micropigmentación Estética: Teoría y práctica. Editorial Cosmética y Belleza.

Pérez, M. (2017). Micropigmentación: Fundamentos y aplicaciones en dermatología. Editorial Dermatología Avanzada.

Rodríguez, C. (2018). Micropigmentación: Tendencias y prácticas avanzadas. Ediciones Estéticas.

Fernández, A. (2019). Micropigmentación: Arte y técnica. Editorial Arte y Belleza.

Sánchez, P. (2020). Micropigmentación en medicina estética. Ediciones Médicas.

www.ingramcontent.com/pod-product-compliance
Lightning Source LLC
Chambersburg PA
CBHW071834210526
45479CB00001B/128